Hans Steinbichler

ISLAND

Reise zum jüngsten Land der Erde

rosenheimer

Grímsey
Dranga
Jökull
Ólafsfjördur
Eyafjördur
Grenivik
Dettifoss
Reykjahlid
Akureyri
Seydisfjördur
Ódádahraun
Herdubreid
Höfsjökull
Snæfells
Jökull
Langjökull
Vatnajökull
Höfn
Geysir
Hvíta
Gullfoss
125
Akranes
Thingvellir
Hvannadalsjnúkur
Hekla
Skaftafell
Reykjavik
Thórsmörk
Jökulsárlon
Eyjafjalla
Jökull
Myrdals
Jökull
Eldhraun
Keflavik
Thorlákshöfn
Skógar
160
Vik
Vestmannaeyjar
Heimaey
Surtsey
N

INHALT

Vorhergehende Doppelseite: Landmannalaugar. Ein sommerliches Bild isländischer Berge, eine andere Welt. An den grauen Hängen schmilzt der Schnee, die dunklen, vegetationslosen Flächen treten hervor.

Die Leirhnjúkurspalte, Islands jüngste Lava, 1984 aus einer kilometerlangen Spalte geflossen. Der Boden ist noch warm, das Regenwasser löst sich in Dampf auf.

ISLAND
Reise zum jüngsten Land der Erde

Wer nach Island fährt, kann Natur im Urzustand erleben, hautnah an heißen Wassern und ungeheuren Gletschern, an der gebirgigen Küste wie in den Weiten der Sand- und Steinwüsten, kann mit eigenen Augen das Werden der Schöpfung sehen, weil die Insel noch im Entstehen ist.
Ein wenig Gelassenheit, Gleichmut zum Wetter, Leidensfähigkeit im Umgang mit Nässe und Kälte sind vielleicht am wichtigsten für eine Reise zur sagenumwobenen Insel am Polarkreis. Bergsteiger haben es leichter: Ihre Ausrüstung ist hier geeignet, denn Island ist ein Bergland mit hohen Gipfeln, von denen einer, der Hvannadalshnúkur, 2119 Meter erreicht.
Elf Prozent des Landes sind vergletschert; die größte dieser Eisflächen, der Vatnajökull, hat eine Ausdehnung von 8300 Quadratkilometern – mehr als die doppelte Fläche aller alpinen Gletscher zusammen. Diese riesigen Eisflächen zeugen von den reichen Niederschlägen, die das Jahr über fallen.
Das »Islandtief« ist ja jedem Mitteleuropäer ein Begriff, und zwei Wochen Regen können in Island niemanden aufregen, das ist normales Wetter. Aber auch in dieser Wetterküche gibt es Regeln: Wenn es im Süden regnet, ist es im Norden meist schön, und umgekehrt. Da jeder Regen von starkem Wind oder von Sturm gepeitscht wird, fällt das Wasser auch nicht ununterbrochen aus den niedrigziehenden Wolken, sondern die Schleusen des Himmels versiegen schon hin und wieder, und durch die Risse in der grauen Wand schickt die Sonne ihre Strahlen.
Das sind die Momente des Fotografen: glasklare Luft, die zarten Farben des nordischen Lichts und endlos Motive vom Meer, vom Gletschereis, von den Bergen – und vor allem von den stürzenden Wassern.
Es folgt ja auch nicht ein Tief dem anderen; der Normalzustand ist eher mitteleuropäisches Aprilwetter, und die Isländer sagen dies mit einem treffenden Satz, wenn sie in die mißmutigen Gesichter ihrer sonnenverwöhnten Gäste blicken: »Gefällt Ihnen unser Wetter nicht? Dann warten Sie zehn Minuten!«
Diese Wetterverhältnisse, das frische, meist kühle Meeresklima und die langen Nächte des Winterhalbjahres, verhindern zuverlässig, daß Island als allgemeines Reiseziel entdeckt wird. Die Isländer erwarten sich vom Fremdenverkehr auch nicht allzu viel, und die für ihn erforderliche Infrastruktur fehlt weitgehend. Es gibt Busunternehmen und Autoverleihfirmen, für Übernachtungen die spartanisch ausgestatteten »Edda-Hotels«, Internate, die in den Ferien – den zehn Sommerwochen – Reisegruppen zur Verfügung gestellt werden. Offizielle Zeltplätze finden sich nun fast in jedem Dorf, und viele Bauernhöfe bieten Zimmer an.
Der Islandreisende muß auch wissen, daß er in weiten Bereichen auf sich selbst gestellt ist. Im Innern des Landes, etwa auf der Route, die die Sprengisandur durchquert, gibt es keine Tankstelle und keinen Laden. Auch Abschlepp- und Reparaturdienste sind weit, doch ist in Island gegenseitige Hilfe selbstverständlich. Charakteristisch für isländische Autos sind die drei bis vier Meter langen Antennen, mit denen von jedem Punkt der Insel aus Hilfe angefordert werden kann.
Trotz wilder und ursprünglicher Natur, trotz der Gefahren, die immer wieder von ihr ausgehen, wie Erdbeben, Vulkanausbrüche und Gletscherläufe, trotz der extremen Temperaturen: Die Isländer haben sich seit über tausend Jahren auf dieser unwirtlichen Insel wohnlich eingerichtet. Sie haben sich auch an die extrem unterschiedlichen Tages- und Nachtzeiten gewöhnt.
Für einen Mitteleuropäer ist es nur schwer vorstellbar, an Weihnachten zwanzig Stunden Nacht zu erleben. Mit der Mitternachtssonne dagegen kann er sich schon eher anfreunden. Dieses Phänomen ist für viele Islandreisende auch ein Grund für den Zug nach Norden.
Die Isländer verfügten noch vor wenigen Jahrzehnten nur über zwei Erwerbsquellen: Fischfang im weiten

Die Askja mit dem See, der den Explosionskrater füllt. Auf dem Öskjuvatn schwimmen Eisschollen.

Ein Bild wie aus der Genesis: »Es sammle sich das Wasser ...« Islands bedeutendster Fluß, die Jökullsá á Fjöllum, stürzt in eine Basaltschlucht und fließt dann dem Meer entgegen.

Meer und Landwirtschaft an den schmalen Küstenstreifen. Aus dieser Sicht ist es verständlich, daß die isländische Regierung für die Fischerei eine 200-Meilen-Zone um ihre Küsten abgesteckt hat, die von den anderen Seefahrernationen respektiert wird (oder respektiert werden sollte). Heute allerdings umfaßt die industrielle Produktion mehr als die Hälfte des isländischen Einkommens.

Die tief ins Land eingeschnittenen Meeresarme und die weit in den Atlantik hinausreichenden Landzungen bescheren der 103110 Quadratkilometer großen Insel eine lange und vielfältige Küste, die eine Länge von 4970 Kilometern hat. Mit Ausdauer und Fleiß haben sich die Nachkommen der Wikinger einen hohen Lebensstandard erarbeitet und benützen heute ganz selbstverständlich in allen denkbaren Bereichen modernste Technik.

Allerdings besitzen sie auch einen natürlichen Schatz: sie können die Wärme der Erde nutzen. Mit dieser Energie werden 80 Prozent der isländischen Haushalte versorgt. In den Wohnungen existieren zwei Leitungssysteme: eines für das kalte, klare Trinkwasser, das andere für das heiße, leicht trübe Schwefelwasser zum Heizen und Spülen.

Seit die Isländer aus ihren feuchten, dunklen Torfhäusern ausgezogen sind, besitzen sie die höchste Lebenserwartung aller Länder. 72 Jahre werden die Männer im Durchschnitt alt, 78 Jahre die Frauen. Noch um die Jahrhundertwende lag dieser Wert unter 50 Jahren. Und bis zu dem Zeitpunkt, an dem das Fernsehen die Insel seuchenartig überschwemmte, war dieses Volk das belesenste der Welt – kein Wunder bei den langen Nächten des Winters.

Mit ihrer uralten, komplizierten Sprache, die sich in tausend Jahren kaum veränderte, können die Isländer ihr ältestes literarisches Dokument in der Urschrift lesen: die »Edda«, eine kunstvoll gestaltete Sammlung von Preis-, Schmäh- und Liebesliedern aus dem 13. Jahrhundert.

1955 erhielt ein Isländer den Literatur-Nobelpreis: Haldór Kiljan Laxness schrieb Lyrik, Prosa, Essays und Dramen. In seinen sozialkritischen Romanen gestaltete er den epischen Sagastil meisterhaft in eine neue Form um. In Deutschland bekannt wurden seine Werke »Atomstation«, »Seelsorge am Gletscher« (neu übersetzt 1989, jetzt »Am Gletscher«), »Islandglocke« und »Sein eigener Herr«.

Dem Bergsteiger und Naturfreund bietet Island eine unüberschaubare Fülle an landschaftlichen Glanzpunkten. Das Nebeneinander von Wüsten, Gletschern, Seen und Flüssen, von Fels- und Eisbergen, die stetige Präsenz des Meeres an endlosen Sandstränden oder zu Füßen hoher Klippen, und vor allem die Begegnung mit heißen Wassern, kochender Erde, mit pfeifenden Dämpfen und Schwefelgeruch – all das bildet jenes Gemisch von Vertrautem und Unbekanntem, das eigentlich erst Lust bereitet, zu forschen und zu entdecken und den Geheimnissen dieses weitgehend menschenleeren Landes auf die Spur zu kommen. Auf dieser Insel der erregenden Gegensätze läßt sich jeden Tag ein neues, noch nie gesehenes Naturwunder erleben, und da ist es auch gleichgültig, ob es regnet oder ob strahlende Kumuli am Himmel segeln.

Wenn das Flugzeug am Landeplatz in Keflavík zum Stehen gekommen ist, die Formalitäten erledigt sind und der Bus nach Reykjavik bestiegen wird, dann ist in den Gesichtern der Islandfahrer schon so etwas wie Erstaunen zu lesen: So unwirtlich und wüstengleich hatten sie sich ihr Urlaubsland nicht vorgestellt. Nur Moos und Lava ringsum.

Doch 50 Kilometer weiter, in der Hauptstadt, ist fast alles wieder normal – vielleicht die Preise nicht ganz. Reykjavik, heute eine moderne europäische Metropole, verfügt über ausgezeichnete Hotels und Restaurants. Es gibt Theater, Konzerte, Bibliotheken, Ausstellungen, Sport und Nachtleben.

Am Rand der Stadt findet sich sogar ein Zeltplatz und daneben ein wunderschönes Schwimmbad. Besonderes Kennzeichen sind die kleinen Warmwasserbecken, in denen viel Kommunikation abläuft, sicher auch Politik betrieben wird – ein Vorschlag für Schlechtwettertage.

Das erste Ziel von Reykjavik aus ist meist Thingvellir, die alte Versammlungsstätte am Thingvallavatn, dem größten See Islands. Neben der kleinen, sorgfältig gepflegten Siedlung mit Kirche und Friedhof stehen steile Basaltwände, und ein Fluß durchzieht die Allmännerschlucht. Moose und Wolfsmilch wachsen auf stufenförmiger Lava, früher sicher die Sitzgelegenheit der Abgeordneten des Althing.

Nur wenige Kilometer östlich die Geysire, jene heißen Wasserfontänen, die zum Symbol Islands wurden. Sie sind sehenswert, wenngleich der größte von ihnen seit langem seine Tätigkeit eingestellt hat. Der kleinere mit dem Namen »Strokkur« ist dafür um so aktiver: alle fünf Minuten zischt die kochende Wassersäule in den Himmel.

Auf einer Wanderung über die Berge der Westmännerinsel Heimaey öffnet sich überraschend ein Ausschnitt mit dem Blick aufs Meer.

Laki. Aus über hundert kleinen Kratern, verteilt auf 25 Kilometern, spie die Erde 1783 monatelang Asche und Feuer und verwüstete einen großen Teil Islands.

Thörsmörk. In großen Wellen schiebt der Gletscher Eyjafjallajökull Sand und Geröll auf seinen eisigen Zungen ins Tal hinab.

Zwanzig Kilometer nordöstlich, an der Hochlandroute Kjölur, ist der gewaltige Gullfoss, der »Goldene Wasserfall«, zu bewundern. Die Wassermassen der Hvítá fallen auf breiten Stufen über dreißig Meter in eine enge Schlucht und toben dann in einem von steilen Felsen flankierten Bett dem Meer zu.
Die Weiterfahrt nach Norden auf der Kjölurroute, nach Hveravellir, einem Gebiet von heißen Wassern und Schnee, kann nur mit allradgetriebenen Geländefahrzeugen durchgeführt werden – und selbst in solchen Wagen weckt es kitzlige Gefühle, wenn das Wasser der zu durchfahrenden Flüsse hin und wieder über die Fronthaube schwappt. Dort oben, in der Landschaft Kerlingarfjöll, am Rand des Hofsjökull, haben sich die Isländer ein kleines Skigebiet eingerichtet, das hauptsächlich im Sommer benützt wird. Daneben, am phantastisch mäandernden Fluß Asgardur, finden sich überall heiße Quellen inmitten von Eis und Schnee, auf den Lavafeldern die tiefschwarzen Obsidiane.
Die Fahrt zur zweitgrößten Stadt Islands, nach Akureyri, ist lang und abwechslungsreich; ebenso der Weiterweg zum Mývatn, zum »Mückensee«, benannt nach den hier lebenden Mücken, die zwar kein Blut saugen, aber wie betrunken in Nase, Mund und Augen fliegen. Rings um diesen See gibt es zahlreiche Naturschauspiele. Direkt an der Straße wunderbar klare und warme Wasser in einer dunklen Schlucht, ein unbeschreiblicher Badegenuß. Im Osten des Sees stehen die Explosionskrater Hverfjall und Búrfell, dazwischen liegt das bizarre Felsenreich Dimmuborgir.
Jenseits des kleinen Passes Námaskard kommt der Islandreisende so richtig ins Staunen, und ein Schaudern wird wohl jeden erfassen, der im Solfatarenfeld steht, umgeben von röchelnden kleinen Kratern, in denen die Erde kocht und aus denen die Schwefeldämpfe steigen – der Eingang zum Hades.
Nach Norden führt die Straße zu den Anlagen eines geothermischen Kraftwerks an den Hängen der Krafla (818 m). Dieser erloschene Vulkan gewährt einen umfassenden Rundblick. Zu seinen Füßen rauchen die Lavafelder der Vulkanspalte Leirhnjúksraun. Sie ist 1984 letztmals ausgebrochen und hat mit ihren feurigen Lavaströmen große Flächen Land überschüttet.
Vom Mývatn führt eine Route auch in die geschichtsträchtige Ódádahraun, jene »Wüste der Missetäter«, die über Jahrhunderte für Gesetzesbrecher zum Schicksal wurde. In der Ódádahraun steht auch der Götterberg Herdubreid (1682 m), ein überwältigender Aussichtspunkt.
Zwanzig Kilometer südwestlich das Bergmassiv der Askja (1510 m) mit dem eisbedeckten Öskjuvatn, einem großen, von Bergen umrahmten See. Und neben diesen eisigen Wassern, in Rufweite, liegt der kleine Vitikrater, dessen Grund wunderbar warmes Wasser füllt. Ein Bad im gelbbraunen Schwefelwasser ist ein exzellentes Vergnügen. Den Weg zur Askja begleitet der größte Fluß Islands, die Jökulsá á Fjöllum. In der Holssandur stürzen die Fluten siebzig Meter tief in eine riesenhafte Schlucht und bilden den mächtigsten Wasserfall Europas, den Dettifoss.
Die Fahrt nach Süden, durch die Sprengisandur nach Landmannalaugar, zeigt die ganze Größe und Einsamkeit Islands: mächtige Schild- und Plateauvulkane, Sand- und Steinwüsten, Schneefelder, Gletscher und zahllose Wasserläufe auf einer Strecke von zweihundert Kilometern.
Landmannalaugar ist ein weiteres Zentrum der landschaftlichen Überraschungen: starke, heiße Quellen, die in kleine Badetümpel fließen, frisches Grün um diese warmen Wasser, Berge im Schnee, der eigenartig von schwarzem Vulkangestein durchbrochen wird, Hügel aus vielfarbenem Liparit, gewaltige Obsidianbrocken, phantastische Ausprägungen des Jahrtausende tätigen Vulkanismus.
Ein Abstecher in Richtung südliche Küste auf der Route »Hinter den Bergen« bringt uns in die Eldgjaschlucht, zum berühmten Ofaerufoss, einem donnernd über Felsstufen rauschenden Wasserfall, den eine natürliche Felsbrücke überspannt (leider muß es nun heißen »überspannte«, denn im April 1993 ist diese einzigartige Naturbrücke nach einem Erdbeben zusammengebrochen).
Von Kirkjubaejarklaustur geht es nach Norden, zum Vulkan Laki, vielmehr einer fünfundzwanzig Kilometer langen Reihe von über hundert Vulkanen, deren Ausbruch im Jahre 1783 die Insel zu großen Teilen verwüstete. Eine Landschaft ohne Beispiel: langgestreckte Höhenzüge, spärlich mit Moos bewachsen, dazwischen stille Seen und in der Ferne die Gletscher.
An der Küste, noch vor dem Sander, die viele Quadratkilometer umfassende Mooswüste Eldhraun. Halbmeterhoch hat sich Moos auf den Lavabrocken festgesetzt und die scharfen Konturen zu runden Polstern gestaltet. In der Nähe auch der große Zelt- und Campingplatz Skaftafell mit dem Svartifoss, einem wunderschönen kleinen Wasserfall, der sich ein steinernes Bett in Basaltfelsen gegraben hat.
Die Fahrt auf der Küstenstraße nach Osten berührt auch den Jökullsarlon, einen Binnensee, in den der

Kjölur. Eine Vulkanlandschaft: Wasser, Schnee, Liparit und die Schwefeldämpfe von heißen Quellen.

Islandponys, genügsam, zäh und bildschön. Auch auf Island gibt es die Ferien auf dem Bauernhof – mit dem Ritt über das weite Land.

Sprengisandur. Über 200 Kilometer zieht sich der Weg durch die berühmte, fast vegetationslose Hochlandroute, die Island von Nord nach Süd durchquert.

Thingvellir. Die alte isländische Thingstätte am Thingvallavatn, Islands größtem See. Auf den Lavablöcken haben sich Moospolster angesiedelt.

Vatnajökull seine Eisberge schiebt: hochalpine Bilder auf Meereshöhe.
Schließlich bringt uns ein Schiff in mehrstündiger Fahrt von Thorlákshöfn übers Meer auf die Westmännerinsel Heimaey. 1963 entstand südlich der Inselgruppe innerhalb weniger Tage ein weiteres Eiland, Surtsey, als sich der Meeresboden öffnete und glühendes Magma mit ungeheurer Wucht ins kalte Wasser gepreßt wurde. Zehn Jahre später, 1973, brach auf der damals von 5400 Menschen bewohnten Hauptinsel Heimaey der Vulkan Eldfell aus. Die glühende Lava wälzte sich bis in das Dorf und vernichtete 380 Häuser. Da die gesamte Insel vom Fischfang lebt und deshalb genügend Boote vorhanden waren, konnten alle Einwohner über das Meer flüchten.
Heute bildet eine Fahrt zur Insel Heimaey mit ihren Steilküsten und dem Vulkan Eldfell, dessen Flanken noch heiß sind, den schönsten Abschluß einer Islandreise. Dreieinhalb Stunden benötigt das kleine Fährschiff, um vom Festland nach Vestmannaeyjar zu fahren. Eine Seereise mit allen positiven und negativen Erlebnissen (Seekrankheit), doch ein würdiges Finale einer Reise nach Island. – Ein Land, das jeden fesselt, dem die große unbegreifliche Mutter Natur mehr ist als Sehenswürdigkeit, Ausflugsziel oder Sportstätte. Island ist ein Land für ein ganzes Leben.

Vorhergehende Doppelseite:
Jökullsarlón. In diesen See am Ende des Breidamerkurjökull, einem Arm des Vatnajökull, kalbt der Gletscher.

Blick vom Herdubreid auf die riesenhaften Flächen der Ódádahraun, die »Wüste der Missetäter«. Hierher wurden Gesetzesbrecher gejagt und waren dann vogelfrei.

Ein Tafelvulkan im zentralen Teil Islands, in der Sprengisandur. Der subglaziale Ausbruch wurde vom darüberliegenden Eis glattgehobelt.

Lava tritt in den wunderlichsten Formen zutage. Hier die sogenannte Stricklava, die wie ein Wollfaden aussieht.

1973 öffnete sich auf Heimaey die Erde, und der Vulkan Eldfell begann sein Werk. Noch heute kommen heiße Dämpfe aus dem Schlund und bilden Schwefelrosen.

Eine namenlose vulkanische Flanke in der Thörsmörk. Die Lava ist ein guter Boden für Moos und Gras.

DIE GRÜNE THÖRSMÖRK

Wo Moose und Flechten auf Lavafelsen wachsen

»Krossa« nennen die Isländer jene graugrünen Wasser, die drei sehr unterschiedlich große Gletscher, Tindfallajökull, Mýrdalsjökull und Eyjafjallajökull, nach Süden senden. Verzweigt in viele Arme, die sich im schwarzen Sand täglich neue Wege suchen, strebt der Fluß im breiten Trogtal Markarfljót dem Meer zu. Um diese Wildnis aus Wasser und Sand zu bändigen, haben Islands Straßenbauer den ungezügelten Fluß mit kilometerlangen Dämmen eingeengt und eine Brücke über ihn gespannt. Dort hält der Bus, dort kann die Wanderung in die grüne Thörsmörk beginnen. »Wanderung« stimmt nur ungefähr, denn die etwa 20 Kilometer Wegstrecke entpuppt sich als naßkaltes Expeditionsunternehmen. An die dreißig Mal haben wir Schuhe und Strümpfe ausgezogen und sind durch die eiskalten Fluten gewatet.

Wir sahen im Flußbett das Dach eines nagelneuen Geländewagens, der im Sand versunken war; sein Fahrer hatte versucht, ans andere Ufer zu gelangen, und mußte schwimmend sein Leben retten. Er war kein Isländer; die wissen genau, weshalb sie Flußdurchquerungen von jeder Versicherungsleistung ausschließen. Am Ende der Fahrspur eine Hütte, eine Unterkunft des isländischen Wandervereins Utivist. Sie steht am Fuß steil aufragender Hänge, die mit Birken bewachsen sind. Weiter oben Buschwerk, Moose und Flechten, die die eigenartigen Vulkanfelsen überwuchern. Wer sich diese Landschaft ohne das Grün denkt, hat Eindrücke von den Gewalten, durch die sie geschaffen wurde.

Senkrechte Mauern, zersägte Grate, Höhlen, Grotten, und überall der schwarze Sand zerfallener Lava aus den Tiefen der Erde. Ein Pfad führt die Krossa entlang nach Osten. Dann eine kleine Brücke aus Holz, mit Stahlseilen am Ufer befestigt – eine Vorsichtsmaßnahme, wenn der Fluß sich wieder einmal einen anderen Weg suchen sollte. Nah sind die grünen Talseiten nun zusammengerückt, den ebenen Boden durchziehen zahlreiche Wasserarme, die ihren Ursprung in den beiden zerrissenen Eiszungen haben, die der gewaltige Mýrdalsjökull in die Tiefe sendet. Ein weißleuchtender Gletscher, der das Ende des Tals mit mehr als tausend Metern überragt.

Vom leicht geneigten Plateau direkt gegenüber des Eyjafjallajökull fällt der Blick auch in die Tiefe, auf die verschlungenen Arme der Krossa in der Markarfljót. Silbern leuchtet das Wassergeflecht aus dem Geschiebe von Sand und Steinen. Wenig hinter der Hütte führt ein schmaler Pfad in eine Folge kleiner Schluchten, windet sich dann höher und erreicht auf dem flachen weiten Rücken Godaland die vegetationsfreie Zone. Ringsum nur mehr Sand und Steine. Zwei Steilstufen werden überklettert, dann deckt Schnee die Vulkanlandschaft. Ziel ist der tiefste Einschnitt zwischen den beiden Gletschern Eyjafjallajökull und Mýrdalsjökull, der Fimmvörduháls (1082 m), ein sanfter Schneesattel, in dem eine kleine, spitze, und seit 1992 auch eine neue, geräumige Hütte steht. Sie sind unverschlossen und wichtiger Zufluchtsort bei Schlechtwetter. Die Stürme, die den Drizzle, den staubfeinen Regen, über die Hochfläche peitschen, sind gefährlich. Der Wanderer steht in einer Wolke aus Wasser, die ihm mit Orkanstärke entgegenrast oder ihn vor sich hertreibt. Und dieser Wasserstaub findet in alle Ritzen der Kleidung und des Rucksacks.

Bei schönem Wetter wandert der Blick von der Hütte hinunter zum Meer und zum gewaltigen Sander, der die Kraft der Wellen verpuffen läßt. Kolbeinsskard heißt das Quellgebiet der Skoga, eines Baches, der nun in wechselnden Schluchtstrecken tausend Meter hinabrauscht, von zahlreichen Seitenarmen gestärkt. Die letzten 30 Meter stürzt er hindernislos in die Tiefe und bildet als Skogafoss eines der großen isländischen Naturwunder.

Regen am Jökullsarlón. Das Eis ist vom Sand der Lava strukturiert, die der Gletscher von den Bergen mitnimmt.

Abstieg vom Hvannadalshnúkur, Islands höchstem Berg, der sich im Vatnajökull befindet. Ein Regenschauer ist vorüber, die Sonne hat sich eine Öffnung in den Wolken gesucht.

In der Ódádahraun, Islands größter Wüste mit 4300 Quadratkilometern Fläche, steht dieser eigenartige Stein. Welche Kraft hat ihn wohl dorthin befördert?

Lavagrus vom Ausbruch des Eldfell auf Heimaey. Als allererste Pflanze hat sich eine Strandnelke angesiedelt.

Abend auf den Westmännerinseln. Blick nach Norden auf das Festland mit dem Mýrdalsjökull. Die Südküste ist nur zehn Kilometer entfernt.

VESTMANNAEYJAR – WESTMÄNNERINSELN

Rauchende Vulkane, Klippen und Berge im Meer

Dort, wo die Krossa aus der Thörsmörk kommt, wo sie den riesigen Krossandur ins Meer geschüttet hat, nur zehn Kilometer südlich von Islands Küste, ragen die Westmännerinseln aus dem Atlantik. Eine Reihe kleinerer, unbewohnter Eilande gruppieren sich um die Hauptinsel Heimaey: Ellidaey, Bjarnarey, Sudurey, Álfsey, Brandur, Hellisey und Surtsey – jene Insel, die 1963 in wenigen Tagen entstand, als sich 130 Meter unter der Meeresoberfläche der Boden öffnete und ein Vulkanschlund feuriges Magma in das Nordmeer spie. Schon am folgenden Morgen erreichte die Glut das Tageslicht, und sechs Wochen später hatte das neugeborene Land eine Höhe von 145 Metern, und die Welt hatte ein einzigartiges Geschenk erhalten. Die Insel wurde unter das Patronat der Vereinten Nationen gestellt. Heute forschen Wissenschaftler aus vielen Ländern, auf welche Weise die Natur Leben zu einer Insel bringt, die, vom Meer umgeben, nur rauhes kaltes Gestein bereithält.

Auf Heimaey leben heute etwa 6000 Menschen, und sie leben ausschließlich vom Fischfang. Ein nach drei Seiten geschütztes Hafenbecken bildet die Basis der Fischerei, und die Fangflotte der Insel erwirtschaftet 15 Prozent des isländischen Nationaleinkommens. Die Bewohner der Insel sind also reich. Das läßt sich gut an den Autos erkennen, die auf dieser etwa fünf Kilometer langen und vier Kilometer breiten Insel »stehen«. Ein kleines Fährschiff transportiert Autos und Insassen vom Küstenort Thorlakshöfn im Westen Islands 70 Kilometer weit übers Meer nach Heimaey. Eine fast vierstündige Reise auf dem Wasser, denn an der nur zehn Kilometer entfernten Südküste Islands gibt es keine Möglichkeit, ein größeres Schiff zu landen.

Im Jahr 1973, am 23. Januar, erschütterte ein Erdbeben die Insel. Im Nordosten von Heimaey öffnete sich eine elfhundert Meter lange Spalte, und riesige Lavafontänen schossen aus dem Boden. Dieser Ausbruch hatte sich schon seit längerem angekündigt; als schließlich die Aschenwolke kilometerhoch in den Himmel stieg, als sich glühende Lava auf das Fischerdorf Vestmannaeyjar zuwälzte und die ersten Häuser in Flammen aufgingen, da war es allen Bewohnern der Insel möglich, auf ihre Fischerboote zu flüchten und ihre Heimat zu verlassen. 380 Häuser, etwa ein Drittel, verbrannten, andere wurden von Asche zugedeckt, aber, was noch schlimmer war, der unaufhaltsam fließende Lavastrom ergoß sich in das Hafenbecken und drohte die für die Fischer lebenswichtige Zufahrt zu versperren.

Hilfe kam aus den USA. Die Amerikaner entsandten ein Pumpschiff, das nun über Monate kaltes Meerwasser auf die Glut spritzte, ihren Weiterfluß hemmte und schließlich zum Erliegen brachte. Erst fünf Monate später, im Juni, erlosch der Vulkan. Er erhielt den Namen Eldfell und hat heute eine Höhe von 250 Metern. Die Insel vergrößerte sich mit diesem Ausbruch um ein Drittel. Heute haben die Bewohner von Heimaey die Schäden behoben, der Hafen ist noch besser geschützt als vorher, und die Hitze der nicht ins Meer geflossenen Lava ist so stark, daß alle Wohnungen der Insel in den kommenden Jahrzehnten mit Warmwasser versorgt werden können.

Heimaey ist ein Vogelparadies. An den Steilküsten nisten Möwen, Papageientaucher, Skuas, Baßtölpel, Lummen und viele andere Arten; sie starten aus ihren in steilen Wänden gelegenen Brutplätzen zum Fischfang. Eine Wanderung um die Insel gewährt Einblick in das Leben der Meeresvögel, kann aber auch zu einer überraschenden Bergtour werden, denn der höchste Punkt, der Dalsfjall, mißt immerhin 273 Meter. Ein großes Erlebnis für alle Landratten ist die felsige Südküste, an die der Atlantik mit hohen Brechern heranbrandet. Hier sitzen und auf das bewegte Meer sehen, aus dem die Klippen ragen, die aufschäumende Wasserwucht, das Brausen der Brandung hören und den Vögeln zusehen – das ist eines der bleibenden Erlebnisse in Island.

Vorhergehende Doppelseite:
Die neugeschaffene Hochlandroute »Hinter den Bergen« führt von Landmannalaugar an die Südküste.

Der Dettifoss, Islands gewaltigster Wasserfall: Zweihundert Kubikmeter stürzen in der Sekunde 70 Meter tief in eine breite Basaltschlucht.

Ein Solfatarenfeld in der Gegend des Mývatns. Aus den sprudelnden Erdlöchern kommt Schwefeldampf.

Die Eldhraun war einmal ein wüstes, chaotisches Lavafeld. Im Lauf der Zeit hat Moos alles Kantige mit weichen Formen umgeben.

Lómagnúpur, am Rand des Vatnajökull. Zwei Flüsse mit weit entfernten Einzugsbereichen stürzen in ein Becken und streben dann gemeinsam dem Meer zu.

Schönwetter am Jökullsarlón. Eisberge in vielfältigen Formen liegen auf dem Grund dieses Süßwassersees und beginnen zu schmelzen.

SKAFTAFELL – JÖKULLSARLÓN

Islands Südküste: Bauernland und Wildnis

Die südliche Ringstraße, die Verbindung von West nach Ost, ist jetzt fast durchgehend geteert, aber die Fahrt entlang der Küste, unter den hohen Bergen, durch die weiten Sander, Lavafelder und Moosflächen, bleibt so abwechslungsreich wie früher. Seit über tausend Jahren ist dieser Landstrich auch besiedelt, leben hier Bauern und Fischer auf uralten Gehöften, deren Namen vielen Isländern Begriffe sind. Von den Gletschern Eyjafjallajökull, Mýrdalsjökull, Vatnajökull und aus dem zerklüfteten Hochland strömen zahlreiche Bäche und Flüsse dem Meer entgegen, tragen große Mengen Sand an die Küste. »Sandur« heißen diese natürlichen Barrieren, die das Land gegen die gewaltigen Kräfte des Wassers, gegen das Wirken von Ebbe und Flut aufschüttet. Die größten Brecher verlieren in den Weiten der Sandstrände ihre Wucht, verebben. Auch der Mensch ist da machtlos. Hier kann kein Schiff anlegen, kann keine Straße gebaut werden. Der Verkehr zieht sich ins Land zurück, um dem Krossandur, Skógasandur, Mýrdalssandur, Medallandssandur und vor allem dem riesigen, von zahllosen Wasserarmen durchzogenen Skeidararsandur auszuweichen.

Am nördlichsten Einschnitt dieser Weite aus Sand, Lava und Wasser liegt der kleine Nationalpark Skaftafell, überragt vom höchsten Berg Islands, vom Hvannadalshnúkur, der 2119 Meter aufragt und völlig vergletschert ist. Nicht weit von der Straße ein Hotel und ein großer Zeltplatz. Hier verbringen viele Isländer ihre Ferien, spazieren hinauf zum Svartifoss, einem hübschen kleinen Wasserfall, der sich in ein von Basaltsäulen umfaßtes Becken ergießt, steigen zum Kristinartindar, 1126 m, empor, genießen den Tiefblick aufs Meer und hinab zu den spaltenreichen Gletscherzungen Morsarjökull und Skaftafellsjökull.

Bergsteiger, die ihre Hochtourenausrüstung dabei haben, also Pickel, Seil und Steigeisen, dürfen sich an die Besteigung von Islands höchstem Berg wagen. Eine hochalpine Tour, weitgehend weglos, lange Strecken über spaltenreiche Gletscher, und eben: mehr als zweitausend Meter Anstieg, die sich über fünfzehn Kilometer hinziehen.

Eine knappe Autostunde östlich hat sich ein Arm des Vatnajökull, der Breidamerkurjökull, bis ans Meer hinabgeschoben. Zwischen Eis und Strand liegt der etwa vier Kilometer breite und drei Kilometer lange Jökullsarlón, ein Süßwassersee, drei Meter über dem Meer. Und zwischen See und Meer mußte noch Platz für die Straße geschaffen werden, wurde eine lange Brücke gebaut, die diesen schwierigen Bereich der Sandküste seit 1967 überspannt. Bis zu diesem Zeitpunkt war es nicht möglich, die Insel ganz auf der Straße zu umrunden. Hinter einer vom Gletscher aufgeschütteten Moräne, ein Steinwurf von der Straße entfernt, das überraschende Bild: Ein See, gefüllt mit dem graugrünen Schmelzwasser des Gletschers, der in diesen See kalbt. Eisberge schwimmen in ihm, bizarre Gestalten, leuchtend weiß oder vom Sand schwarz gefärbt. Im Hintergrund schwingt sich das spaltendurchrissene Eis eineinhalbtausend Meter hinauf zu verschiedenen Felsinseln, die den Gletscherstrom spalten. Auf beiden Seiten des Breidamerkurjökull ragen schwarze Höhenzüge auf; zwischen ihnen eingebettet der Sand, der See und der Gletscher. Jenseits der Moräne, am See, ist es still. Eisberge glänzen in der Sonne, majestätische Ruhe über der Landschaft.

Am Ostufer hat sich ein Bootsverleih niedergelassen. Mit einem Motorboot können die Eisberge umrundet werden. Am schönsten ist es jedoch, wenn die Boote vertäut, die Busse abgefahren sind. Eine Wanderung am späten Abend entlang des Ufers zum Gletscher, in die Mitternachtssonne, öffnet die ganze herbe Schönheit Islands. Die wundervollen Farben des nordischen Lichts, das Dämmern der Nacht, das verwoben ist mit dem Beginn des neuen Tages, die Stille ringsum, das Eis des Gletschers, das sich in den See wälzt, und nur hin und wieder der Schrei eines Vogels.

Heimaey: Der Vulkan Eldfell, der 1973 ein Drittel des Dorfes zerstörte. Im Bild die neuen Häuser.

Heißwasseranlage in Reykjahlid am Mývatn. Mit donnerndem Getöse entweichen dem Betonrohr mächtige Dampfwolken.

Die »grüne Thórsmörk«, ein isländisches Wandergebiet am Eyjafjalla- und Mýrdalsjökull. In diesem Tal befinden sich zwei Touristenhütten.

Die Krossa, ein wüster und unberechenbarer Fluß, der aus der Thörsmörk kommt. Seine Durchquerung mit dem Wagen ist ein Risiko.

Blick von der Krafla (818 m) auf das Vulkangebiet um die Leirhnjúkurspalte. Der smaragdfarbene See ist heiß, die anderen sind kalt.

MÝVATN UND ASKJA
Das vulkanische Zentrum Islands

Die Fahrt von Reykjavik nach Akureyri dauert fast einen Tag, und von der Stadt am Eyjafjördur zum Mývatn sind noch einmal zwei Stunden zu rechnen, bis Islands zweitgrößtes Binnengewässer erreicht ist: zahlreiche Inseln im graugrünen Wasser, weit vorspringende Landzungen und tiefe Einschnitte. Am Nordufer die Siedlung Reykjahlid mit Zeltplatz und Schwimmbad. Nicht weit ist auch die Felsschlucht Grjotagja, in deren Grund sich warmes, oft heißes Wasser befindet: ein ungewöhnliches Erlebnis, in die Felsspalte hinunterzusteigen und unten in dämmrigen Grotten ein Bad in dem naturheißen Wasser zu genießen.

Schon von weitem sind hohe Dampfwolken sichtbar: Hier wird die Wärme der Erde genutzt. Kaltes Wasser wird in den Schacht gepumpt, Dampf und Heißwasser entweichen; letzteres wird in isolierten Rohren in die Häuser geleitet.

Wenige Kilometer östlich von Reykjahlid führt die Straße über den kleinen Paß Námaskard. Jenseits der Höhe ein kurzes Straßenstück nach Süden, zu den Solfatarenfeldern Námakolla. Hier schwankt der Boden, Geruch von Schwefel schwängert die Luft; da und dort kleine Krater, die immer wieder kleine Schlammfontänen in die Höhe spritzen. Gegenüber zweigt eine kurze Strecke nach Norden ab zu Islands jüngster Lava, die hier 1984 aus der Leirhnjúkurspalte geschleudert wurde.

Verschiedene Lavaströme liegen neben- und übereinander, die Ausbruchsmassen sind noch warm, und die Niederschläge verdampfen als feine weiße Nebelschleier. Schwefelschwaden mischen sich dazu, die spröde Lava knirscht unter den Schuhen. Westlich, etwa dreihundert Meter höher, die Krafla (818 m), ein ruhender Vulkan, von dem eine umfassende Rundsicht zu genießen ist: auf die Lavaströme der Leirhnjúkshraun, auf den Mývatn, zu benachbarten Vulkanen und hinab nach Süden, auf die Anlagen des größten geothermischen Kraftwerks von Island.

Ein Abenteuer dann die Weiterfahrt in die Ódádahraun, zum Herdubreid und zur Askja. Über hundert Kilometer Fahrt auf bachbettähnlichen Pisten, entlang der Jökullsá á Fjöllum, jenem wasserreichsten Fluß Islands, der in der Holssandur den Dettifoss, den mächtigsten Wasserfall Islands (200 Kubikmeter pro Sekunde) bildet. Der Fluß wird von zwei Gletscherarmen des gewaltigen Vatnajökull gespeist, vom Dyngsjökull und vom Bruajökull. Dort, wo die Wassermassen durch die Basaltschluchten toben, ist gut sitzen und schauen. Ein nicht endendes Schauspiel an Kraft und Bewegung, an Wucht und Gewalt.

Dann taucht ein großer kegelförmiger Berg auf, gebaut aus steilen Wänden und Flanken, schneebedeckt: der Herdubreid (1682 m), Sitz der germanischen Götter. Er erhebt sich zwölfhundert Meter über die Ódádahraun, die »Wüste der Missetäter«: In diese Öde aus Stein und Moosen wurden die Verbrecher gejagt, und dort waren sie dann vogelfrei. Einer dieser Unglücklichen hat hier, in Herdubreidarlindir, über zwei Jahrzehnte in einer Höhle gehaust. Zusammen mit einer geraubten Frau, seinem Kind und einem Hund. Als die Frau starb, erfüllte er ihren letzten Wunsch und trug den Leichnam über viele Kilometer zu einem Friedhof. Diese Szene, die tote Frau auf dem Rücken, auf einem Arm das Kind, den Spaten in der Hand, den sichernden Hund an seiner Seite, ist in Reykjavik in einer erschütternden überlebensgroßen Bronzeplastik dargestellt.

Die Fahrspur wendet sich hinter Herdubreidarlindir westwärts und führt durch den Vikkursandur hinauf zum Askja-Massiv. Vom Parkplatz zum Kratersee ist etwa eine Stunde zu gehen. Neben dem eisbedeckten Öskjuvatn eine weitere isländische Überraschung: der kleine Vitikrater, dessen Grund von warmem Wasser bedeckt ist. Ein aufregendes Badevergnügen auf tausend Meter Höhe, in einer arktischen Landschaft.

Ein Arm des Eyjafjallajökull, eine Wüste aus Eis. Das Lavagestein ist durch den Wechsel von Kälte und Wärme zu Staub zerfallen.

Papgeientaucher in einem begrünten Hang bei Vik. Sie graben für die Nester meterlange Gänge in die Erde.

Lomagnúpur. Zaghaft haben sich Flechten und Moose auf den steinigen Hängen angesiedelt. Darunter die ungeheure Weite von Europas größtem Gletscher, dem Vatnajökull.

Der eisbedeckte Öskjuvatn in der Askja hat einen kleinen Trabanten, den warmen Vitikrater.

Vorhergehende Doppelseite:
Ein Regentag am Strand des Snaefellsness. Noch herrscht Ebbe, doch bald wird die Flut steigen.

Ein glasklarer Tag am Eyjafjördur. Die Molendi, Islands Halbmeter-Urwald, setzt dem Wandern Grenzen.

DER NORDEN ISLANDS

Einige Tage Einsamkeit am Polarkreis

Vielfingrig streckt sich Islands Nordküste dem Polarkreis entgegen: ein Gegensatz zum Süden, der eine Linie in sanfter Wellenbewegung bildet. Die Fjorde und Buchten sind nach Lage und Richtung Ergebnis tektonischer Vorgänge, die, verstärkt durch die tiefhobelnden Gletscher der Eiszeit, zu der heutigen Ebene und Enge führten. Einer der Fjorde, der Eyjafjördur, zieht sich etwa 60 Kilometer nach Süden ins Landesinnere bis nach Akureyri. In dieser zweitgrößten Stadt Islands leben heute etwa 14000 Menschen. Ein reges Handwerk fertigt hier die berühmten isländischen Strickwaren, Schuhe werden hergestellt und, was man eigentlich als selbstverständlich annimmt, Sardinen kommen in die bekannten Büchsen. In Akureyri steht die Zeit still, die Enge des Fjords drängt in die Menschen, die Natur senkt sich wie ein schwerer Überwurf auf jede Tätigkeit. Es ist daher sicher nicht zufällig, daß in Reykjavik und Umgebung über die Hälfte der isländischen Bevölkerung, annähernd 130 000 Menschen, lebt.
Der Regen, der sich mattsilbern über die letzten Tage legte, hat nun endlich aufgehört, und ich lasse mich von einem Freund nach Grenivik bringen, das etwa 30 Kilometer nördlich von Akureyri liegt, allerdings auf der anderen Seite des Fjords. Grenivik, das sind einige Höfe, dann endet die Straße und schließlich der Weg. Ich habe für einige Tage zu essen und will die keulenförmige Halbinsel entlang dem Látraströnd umrunden. Zwischen dem Meer und der steil ansteigenden Berglandschaft gibt es nur einen schmalen Küstenstreifen – nur hier ist Platz für einen Weg. Anfangs finden sich noch einige Schafschnüre im Gestrüpp, die aber mit dem Auge schon bald nicht mehr wahrnehmbar sind und nur vom Knie abwärts einen Tunnel bilden, in dem die Füße die abgetretene Fläche kaum ertasten. Noch einige Schritte, und auch diese Hilfe ist in der immerwährenden Molendi Islands versunken.
Die Molendi ist eine Pflanzengesellschaft, die keine Entsprechung auf dem europäischen Kontinent hat. Auf meist trockenem Erdboden wachsen verschiedene Beerenarten wie Heidelbeere, Moorbeere, Bärentraube und Krähenbeere, die mit ihren über den Boden wuchernden Ästen und Blättern einen undurchdringlichen Teppich bilden. Anfangs fällt das Gehen in der unberührten Natur schwer, die Einheit der Vegetation wird durch jeden Schritt beeinträchtigt; dann entspinnt sich immer mehr ein Kampf gegen den kriechenden Urwald, der ein Vorwärtskommen auf der gedachten Linie unmöglich macht. Am Abend bin ich gerade fünf Kilometer weit gekommen, doch die Zivilisation ist schon in weiter Ferne. Die Stille, die sich auftut, ist so vollkommen, daß die Ohren, wie immer nach dem letzten Laut fahndend, aus Überanstrengung zu summen beginnen: die Stille schreit. Aber es kommt kein Laut zu Hilfe, kein Baum bricht den Wind zum Ton, kein Tierlaut läßt sich vernehmen, das Meer ist ein ölglattes Tuch.
Der nächste Tag beginnt wie der vorherige, und ich beschließe, die verbleibenden zwanzig Kilometer zur Nordspitze der Halbinsel über die Berge zu gehen. Schon kurz oberhalb des tundrahaften Grüngürtels beginnt der Schutt, manchmal abgelöst durch verblocktes Gelände, das außer einigem Moosbewuchs und Flechten keine Vegetation mehr aufweist. In der Dämmerung stehe ich dann 800 Höhenmeter über dem Hvalvatnsfjord, der die Halbinsel im Norden begrenzt. Am Morgen mag ich meinen Augen kaum trauen: die Bucht ist ein natürlicher Schwemmplatz des nördlichen Meeres. Teile von gestrandeten oder gesunkenen Schiffen, gigantische Baumstämme, Tierskelette wie auch Teile von menschlichen Behausungen – all das ist in einem wüsten Geschiebe ineinander verkeilt, verbarrikadiert die gesamte Länge des Strandes. Völlig allein, in Sichtweite der Insel Grimsey, beginne ich die Bucht zu durchstreifen, das Strandgut um mich ein organisch und anorganisch durchmischtes Bild der Erinnerung.

Die grauen Massen des Vatnajökull auf ihrem Weg zum Meer. Die Bedeckung mit Sand und Geröll läßt den Gletscher nur erahnen.

Das Gewirr der Lavabrocken wurde vom Moos in eine Landschaft der weichen Formen umgestaltet.

Hochsommer in Island, die Mitternachtssonne am Vatnajökull. Das zerklüftete Eis am Ende seines Weges, am Jökullsarlón.

Die Landschaft zwischen Mýrdals- und Vatnajökull, wie sie der Ausbruch der Laki-Vulkane 1783 hinterlassen hat.

Die Wasser des Ofaerufoss stürzen in das Becken der Eldgjá. Die natürliche Brücke, die diesen Wasserfall überspannte, gibt es nicht mehr.

ELDGJÁ UND LAKI

Als die Erde aufbrach – die großen Feuerspalten

Wenn irgendwo aus dem Innern unseres Planeten Asche und feurige Magma emporgepreßt wird, dann handelt es sich fast immer um einen »Vulkan«. Aus dem Krater strömen Gase, Asche und das Magma, jene glutheiße Schmelze des Erdgesteins. Je nach Zähigkeit der Substanz formen sich steile und weniger steile Kegel, die den Vulkan und seinen Krater bilden. Solche »erloschenen Vulkane« gibt es viele auf Island und zahllose auf der Erde. Noch wesentlich verheerendere Auswirkungen hat das Aufbrechen kilometerlanger Spalten auf der Erdoberfläche, die glühendes Magma herausschleudern.

Die größte Vulkanspalte Islands, ja die größte bisher auf der Welt entdeckte, ist die Eldgjá, die »Feuerspalte«. Sie hat eine Länge von 40 Kilometern, ist, mit Unterbrechungen, 140 Meter tief und bis 600 Meter breit, also ein gewaltiger Graben. Ihr letzter Ausbruch erfolgte etwa 50 Jahre nach der Landnahme, wie die Isländer den Beginn ihrer Besiedlung nennen. Das wäre die Zeit um 930 oder wenig später (genau erfolgte der Ausbruch im Jahre 934, wie Bohrungen in verschiedenen Gletschern Islands und im benachbarten Grönland ergaben).

Die damals ausgestoßene Lava wird auf neun Kubikkilometer geschätzt. Sie floß 50 Kilometer weit nach Süden, dem Meer zu. Auf dem vorgelagerten Mýrdalssandur gab es damals schon Gehöfte, die die Siedler wegen der sich heranwälzenden Lava verlassen mußten, wie im »Landnahmebuch« vermerkt wurde. (Diese uralte Sammlung von Stammbäumen und Chroniken, von Sagen und Geschichten, wurde im zwölften Jahrhundert zusammengetragen und ist in ihrer Art einmalig. Damit wissen die Isländer wie kein anderes Volk auf der Welt Bescheid über ihre Herkunft und Geschichte.) Heute fließt am Grund der Eldgjáspalte ein Bach, dessen Wasser größtenteils vom Ofaerufoss stammt, der von Nordwesten in das Trogtal hinabstürzt. Bis zum April 1993 konnte dort eines der großen Naturwunder Islands bestaunt werden: eine natürliche Brücke aus Lavagestein, die mit hoher Wahrscheinlichkeit durch den Ausbruch von 934 geschaffen wurde. Es wird angenommen, daß ein leichtes Erdbeben sie einstürzen ließ.

Wesentlich schlimmer für Island wurde jedoch die Explosion der Laki (818 m). Anfang Juni 1783 erschütterten immer wieder Erdstöße die Gegend um Kirkjubaejarklaustur und das Land zwischen Vatnajökull und Mýrdalsjökull. Der kleine Vulkan Laki, etwa zwanzig Kilometer nordöstlich vom Graben der Eldgja entfernt, gab diesem gewaltigsten Vulkanereignis seit der Besiedlung Islands den Namen. Die Katastrophe, die über die Insel hereinbrach, kam aus etwa hundert kleinen Kratern, die sich in einer Linie von 25 Kilometern hinzogen.

Es begann am Pfingstmontag des Jahres 1783, am 8. Juni. Monatelang stand das Land in Flammen, verhüllten riesige Aschewolken und giftige Gasschwaden die Sonne. Auswirkungen dieses Ereignisses waren auch im fernen Europa noch zu spüren: Auch dort verdunkelten Wolken von Aschestaub die Sonne. Die unvorstellbare Menge von 12 Kubikkilometern Magma und drei Kubikkilometer Lockermaterial wurde aus den Schlünden geworfen. 10500 Menschen kamen ums Leben; 27300 Pferde, drei Viertel des Bestandes, die Hälfte aller Rinder, nämlich 10300 Stück, und 187 000 Schafe (80 Prozent der Tiere) gingen zugrunde. Fußhoch lag Asche auf allen Wiesen, jedes Wachstum blieb aus. Viele isländische Familien mußten auswandern. Ihre Heimat war von einem Jahr zum andern zu einer Wüste geworden. 565 Quadratkilometer Land waren von Lava überschüttet. Dieses vernichtende Naturereignis haben die Isländer mit einem eigenen Namen bedacht: Lakagígar.

Heute zählt diese Landschaft zu den eigenwilligsten Islands. Die weiten grauen Flächen der Hochebene sind nur spärlich mit Moos bewachsen. In den Talfurchen glänzen stille blaue Seen, am Horizont die weißen Linien der großen Gletscher.

Die kleine, grasbewachsene Insel Ellidaey von Heimaey aus gesehen. Rechts in der Tiefe die Lavamassen des Eldfell-Ausbruchs von 1973.

Der Atlantik an der Südküste Islands. In den weiten Sandern verebben auch die mächtigsten Brecher des Meeres.

Die östliche Steilküste von Heimaey, in der zahllose Meeresvögel ihre Brutplätze haben.

Ein Halbrund aus Basaltsäulen umfaßt den kleinen Svartifoss, eine halbe Gehstunde über Skaftafell.

Vorhergehende Doppelseite:
Lava, Sand und Basalt in der Wüste Ódádahraun. In dieser Landschaft bereiteten sich die amerikanischen Astronauten auf die Mondlandung vor.

Landmannalaugar. Der Farbenreichtum von Rhyolith oder Liparit, ein Ergußgestein aus saurer Magma.

LANDMANNALAUGAR
Islands Erde, farbig und formenreich

Zehn Kilometer nördlich des Mýrdalsjökull liegt ein kleiner runder Plateaugletscher, der Torfajökull, dessen Eis sich bis 1200 Meter emporwölbt. Noch weiter nach Norden befindet sich eine eigenartige Landschaft mit sanften Bergformen und einer verwirrenden Zahl kleiner Täler und Gräben. Die Gipfel, zwischen 800 und 1100 Meter hoch, tragen an ihren Flanken auch in der Sommerzeit Schnee, der vor allem in den Vertiefungen, dort, wo der Sturm ihn abgelagert hat, liegenbleibt.
Aber auch schwarze Lava tritt zutage, Gestein, das im immerwährenden Wandel von Kälte und Wärme zu Sand und Grus zerfallen ist. Überall dort, wo das Vulkangestein Erhebungen bildet, tritt es aus dem Schnee hervor. In diesem Schwarzweißgemälde entstehen die wunderlichsten Formen, und der Betrachter eines solchen Bildes muß schon zweimal hinsehen, um die tatsächlichen Größenverhältnisse zu erkennen (Seiten 6 und 7).
Mitten in diesem von vulkanischer Vielfalt geprägten Gebirge plötzlich ein ganz anderer Gipfel: ockerfarben, rötlich, stahlgrau. Die gesamte Farbenpalette irdischer Gesteine scheint hier ausgestellt zu sein. Rhyolithische Tuffe nennen die Geologen dieses helle Material. Das Schwarzschimmernde, Anthrazitfarbene, das sich ins Gelb mischt, sind Mineralausscheidungen, Basaltrippen, Obsidiane. Dieses ungewöhnliche Bergland mit seinen zauberhaften Formen und Farben heißt Landmannalaugar. Die Zufahrt kann von Westen, Norden oder Osten erfolgen – das Gebiet ist also gut erschlossen. Es wird auch von den Isländern viel besucht. Es gibt Unterkunftshütten, einen etwas steinigen Zeltplatz und vor allem das, was Island trotz aller Wetterunsicherheit so anziehend macht: Heiße Quellen strömen aus einem etwa zweihundertjährigen Lavafeld, in dessen Vertiefungen Schnee liegt, der Lieferant des Wassers.
Wo Wärme, da auch Grünes: Ein paar Wiesen haben sich am Rand des Lavastroms gebildet, dazwischen das warme Wasser, kleine Weiher, in denen es sich wundervoll baden läßt. Dieses Warmwasser kommt nicht nur als Bach aus der Lava, auch vom Grund her steigen kleine Heißwasserfontänen empor und bringen die Wärme punktartig an den Körper. Auch kaltes Wasser entströmt dem Vulkangestein. Früher war es nicht zu umgehen, diesen eisigen Bach erst zu durchwaten, um ins Warme zu gelangen. Jetzt haben die Isländer einen Holzsteg errichtet, der das Eiswasser überbrückt.
In Landmannalaugar läßt sich gut wandern. Pfade und Fußspuren führen auf verschiedene Gipfel, so auf den Bláhnúkur, 943 m, um den sich die ganze Vielfalt von Landmannalaugar gruppiert. Auf dem höchsten Punkt befindet sich eine Messingtafel mit eingraviertem Panorama, auf dem Himmelsrichtungen, Gipfel, Gletscher, Orte und Städte Islands angegeben sind. Der Abstieg nach Westen bringt den Wanderer in ein Tälchen, dessen Grund warmes Wasser durchfließt. In der Wärme haben sich Flechten, Moose und ein paar Pflanzen angesiedelt, ein überraschender und willkommener Anblick im Angesicht der kahlen Berge. Der folgende Aufstieg zum großen Lavafeld führt an glänzendschwarzen Obsidianbrocken vorbei. Obsidian ist vielleicht die schönste Form der Lava. Glashart, scharfkantig, brillantschwarz – das beliebteste Souvenir aus Islands vielfältigem Lavagestein. Der Abstieg durch das zerrissene Lavafeld führt an wunderlichen Formen der erkalteten Lava vorbei und zwingt immer wieder zu Umwegen, um tiefen Löchern oder meterhohen Aufwerfungen auszuweichen.
Seit einigen Jahren gibt es eine abenteuerliche Straße von Landmannalaugar nach Südosten. Von dieser Route, der die Isländer den Namen »Hinter den Bergen« gegeben haben, zweigt der Pfad in die Eldgjáschlucht ab, in der nach einstündiger Wanderung der Ofaerufoss erreicht werden kann.

Eine eigenwillig geformte Moosfläche im Gebiet der Laki. Die Strukturen sind nach dem Wind gerichtet.

Die Küste des Eyjafjördur. Das klare, dunkelblaue Wasser ist zum Baden zu kalt. Der Polarkreis ist nicht weit.

Im Laki-Gebiet. Eine von fließender Lava geprägte Landschaft, in der sich jetzt, 200 Jahre nach dem Ausbruch, erstes Grün ansetzt.

Die Westküste von Heimaey – Brutgebiet vieler Vögel, Weideplatz der Schafe. Im Meer begrünte Basaltklippen.

Reykjavik. Von der großen Betonkirche öffnet sich ein weiter Blick auf die bunte Stadt am Meer.

REYKJAVIK

Volk auf dem Vulkan

Reykjavik antwortet kühl auf die Neugierde, die der Reisende dem Land entgegenbringt. Eine Enklave der Sachlichkeit, des nüchternen Trotzes gegen die Gewalten der Natur, die wir als pittoresk empfinden. Denn Einsamkeit, Wüste, Regen, Schnee und Gletscher, Entbehrung im Ganzen, für uns vom Festland gesuchtes, zu selten empfundenes Gut, ist für den Isländer die aufreibende Kehrseite dieser Natur. Reykjavik. Kein rauschendes Wasser, kein eisstarrender Gletscher, keine klirrende Lava, sondern nur Beton, darübergewürfelt aufmüpfig wirkende nordische Buntheit. Vom Flughafen Keflavik kommend, der von oben inmitten der ungeschlachten, nackten Steinwüste wie ein gestrandetes Raumschiff wirkt, führt eine schnurgerade Straße ostwärts nach Reykjavik. Wie immer, wenn sich Reisende einer Hauptstadt nähern, beginnt im Angesicht der nahenden Silhouette ein Fahnden, Entdecken und Wiedererkennen von Merkmalen der Stadt.

Reykjavik verweigert sich auch hier: übergangslos durchqueren wir die ersten Vororte Gardabaer und Kopavogur, die sich gefräßig nach Süden arbeiten. Modernität und Sachlichkeit prägen diese Siedlungen, die so ganz ohne gewachsene soziale Infrastruktur in die Landschaft ragen und von der Wohnungsknappheit zeugen. Reykjavik wuchs ja nicht nur zur Hauptstadt, es wurde schlichtweg dazu gewählt. Zunächst verdichtete sich das Gemeinschaftsleben Islands um 930 in der Schaffung eines Althings, das die vielen Things (Landgemeinden) bündelte, um der drohenden Anarchie zwischen den oftmals verfeindeten Familien zuvorzukommen. Von den unüberschaubar positiven Hoffnungen dieses Unternehmens beflügelt, fand der zur Suche einer geeigneten Örtlichkeit ausgesandte Grim Ziegenfuß einen landschaftlichen Rahmen, der getrost als Urbild der europäischen Parlamente gelten darf. Eine monumentale Erdspalte nördlich des Thingvalla-Sees diente als Plenarsaal. Die Sitze der Parlamentarier wie auch die Tribünen waren mächtige, bemooste Steinblöcke, die sich in einem komplexen Gefüge zu einer Basaltwand türmten. Jede Stimme der Versammlung war weithin hörbar, die Entscheidungen wurden durch die Größe und Anmut von Landschaft und Himmel beeinflußt, Beckmesserei und Unrecht wurden durch die stille Macht dieses Naturparlaments zurechtgestutzt.

Viele Jahrhunderte später suchte die dänische Krone, die aus vielerlei Händeln, nicht zuletzt wegen des verheerenden Ausbruches der Laki-Vulkane von 1783, Macht über Island erlangt hatte, nach einem geeigneteren Standort für die Verwaltung Islands. Die Wahl fiel auf das günstig gelegene Fischerdorf Reykjavik, das der erste Siedler Islands, Ingolfur Arnarson, um 874 an der Spitze der Halbinsel Seltjarnarnes gegründet hatte. Die dänischen Herrscher hatten den ihnen hinderlichen Mythos Thingvellirs zerstört und gleichzeitig einen handelsfähigen Naturhafen geschaffen. Diese Beschneidung von Instinkt und Gemeinschaft zu Gunsten von Kommerz und Individualisierung hat das Gesicht Reykjaviks bis heute geprägt. Die Geradlinigkeit der Straßen und die Einteilung in »Blocks« muten amerikanisch an, wie überhaupt die Nähe der Staaten deutlich spürbar ist. Die Einkaufspassagen entsprechen allfälligem Weltstandard.

Ohne Vergleich dagegen der Himmel über Reykjavik. Kein Schlot trübt den Horizont, kein Rauch die klare Luft. Ganz Reykjavik wird durch Warmwasser beheizt. Die Reinheit der Luft, die daraus resultiert, zeichnet sich auch auf den Gesichtern der Menschen ab. Durchscheinende Blässe durchsetzt von einer sehr kämpferischen, lebensbejahenden Röte. Der Eintönigkeit der Regentage und den extrem langen Winternächten wird gerade von Jugendlichen exzessive Lebenslust entgegengesetzt. Trinken, schnelles Autofahren und ausufernder Konsum gehören zum Alltag. Ich kenne keine andere Stadt, die näher am Leben stünde.

Noch vor hundert Jahren hauste die Landbevölkerung Islands in solchen Torfhäusern. Im Bild das Freilichtmuseum Glaumbaer.

Auf der Überfahrt von Thorlakshöfn nach Heimaey. Die Mitglieder einer Fußballjugendmannschaft.

Auf der Route »Hinter den Bergen« müssen immer wieder derartige Wasserläufe durchfahren werden.

Basalt am Svartifoss. Sechskantige Säulen, die von den Kräften des Wassers aus der Wand gelöst werden.

Skoga. Über die Erosionskolke geht der Blick hinab zu den Wiesen der Südküste mit den zahllosen Heuballen. Dahinter die Weiten des Sanders und des Meeres.

Islands Wahrzeichen sind die Geysire. Im Bild der »Strokkur«, der alle fünf Minuten sein kochendes Wasser in die Luft schleudert.

Vorhergehende Doppelseite:
Der Olafsfjördur im Norden Islands. Eine grasige Landzunge teilt das Meer.

Der Herdubreid, germanischer Götterberg. Ein Vulkan, der unter dem Eis eines Gletschers ausbrach.

ÖKONOMIE UND ÖKOLOGIE

Abnehmende Fischfangquoten - Gefahren der Schafzucht

Wer erstmals isländischen Boden betritt, steht gleich einmal vor der Frage: Wie schaffen es die Inselbewohner, diesem wüstengleichen Land einen so hohen Lebensstandard abzuringen? Die Flächen an den schmalen Küstenstreifen können den Wohlstand nicht erwirtschaften, das zeigen die wenigen Wiesen sehr deutlich. Kein Isländer lebt heute noch in einem Torfhaus, wie das die Großeltern um die Jahrhundertwende vielleicht noch tun mußten. Überall moderne Bungalows, gepflegte Gärten und jede Menge Autos. Viele Straßen sind geteert, über die anderen fährt regelmäßig der »Hobel«, eine starke Maschine, die Unebenheiten, Mittelrippen und Wellen einebnet. Island erwirtschaftet seinen Reichtum als Industriestaat, lebt von der »Veredelung der Produkte«, verfügt über moderne Fabrikationsanlagen, in denen nicht nur Fische verarbeitet werden. Auf einen isländischen Fischer kommt heute im Durchschnitt ein Fang von 280 Tonnen Fisch pro Jahr – eine kaum vorstellbare Menge, wenn man bedenkt, daß die gesamte isländische Fangquote noch vor hundert Jahren bei etwa jährlich 500 Tonnen lag. Aber der Fischfang ist ein rückläufiges Geschäft geworden, die Meere werden leergefischt, und selbst die von Island beanspruchte 200-Meilen-Zone um die Insel kann daran nichts ändern.

Über das gesamte Land verstreut grasen etwa drei Millionen Schafe. Statistisch ist also jeder Isländer Besitzer von zwölf Tieren. Wolle und Schaffleisch sind ebenfalls Exportartikel, vor allem die wunderschönen handgestrickten Pullover. An den Küstenbereichen und auch weit im Innern des Landes sind überall Schafe zu sehen – nie in Herden, immer weit auseinander, meist zu dritt: ein Muttertier und zwei Junge. Zwillinge sind das mindeste, was sich ein isländischer Bauer von einem Mutterschaf pro Jahr erwartet. Aber die Schafzucht ist nicht unproblematisch. Schafe sind Dauerfresser, und sie sind wählerisch. Die Stellung der Zähne im Kiefer ermöglicht es ihnen, den Halm oder das Blatt viel tiefer abzuscheren, als das beispielsweise der Kuh oder dem Pferd möglich ist; viel näher an der Wurzel, was dann oft den Tod der Pflanze bedeutet. Die Folge ist eine überall feststellbare und fortschreitende Verwüstung der Humusdecke. Zwar ist das Problem in Island bekannt, zwar wird versucht, in umzäunten Bereichen mit Dünger und Grassamen die Versteppung aufzuhalten; aber ändern wird sich nur dann etwas, wenn die Zahl der Schafe reduziert wird. Doch für die Schafzüchter hieße das Verzicht auf ihre Lebensgrundlage.

Das heutige Island ist das Werk der vergangenen hundert Jahre. Um 1900 gab es keine befahrbaren Straßen, nur Pfade und Wege, auf denen höchstens geritten werden konnte. Wer sollte in diesem gebirgigen Land auch eine Straße anlegen, mit welchem Werkzeug, und wer hätte sie finanziert und instandgehalten? Wenn es etwas zu transportieren gab, dann blieb nur der Weg über das Meer. Heute kann die Insel mit einem normalen Auto umrundet werden, zwar noch nicht auf durchgehend geteerter Piste, aber doch auf Straßen, die ständig ausgebessert werden. Island kann sich mit Fisch, Fleisch, Milch und Milchprodukten selbst versorgen, ist jedoch für die meisten anderen Nahrungsmittel auf den Import angewiesen. In Glashäusern, die mit heißem Wasser aus dem Erdinnern beheizt werden, kann ein Teil des benötigten Gemüses gezüchtet werden. Getreideanbau ist im Freiland nicht möglich. Eine Brotkultur, wie wir sie in Deutschland genießen können, gibt es in Island nicht. Das eingeführte Getreide macht das Brot praktisch zu einem Importartikel. Vereinzelte Kartoffeläcker sind jetzt schon zu sehen. Aber in allen anderen Bereichen ist die Auswahl in den Geschäften sehr groß. Es ist also nicht nötig, nach Island Proviant mitzunehmen. Die Einfuhr von Fleischprodukten ist sogar verboten: Hier sind die Isländer überaus vorsichtig, denn eingeschleppte Seuchen, die Schafe, Schweine, Rinder oder Pferde befallen, könnten sich katastrophal auswirken.

EIN PAAR TAGE IN ISLAND

Vorschlag für eine Reise zu Islands Naturwundern

Während ich diese Zeilen schreibe, rückt ein Datum näher: meine nächste Islandreise. In einer Woche schon möchte ich am Thingvallavatn stehen, durch die Allmännerschlucht wandern, auf die scharfkantigen Lavafelsen klettern. Dann werde ich hinübergehen zur kleinen Kirche, vorbei an den niedrigen Grabkreuzen, die ganz einfach im kurzgeschorenen Rasen stecken, und werde hinaussehen auf die spiegelnde Fläche des Sees.

Einige Kilometer weiter werde ich dann auf gesintertem Boden an den Geysiren stehen und gespannt darauf warten, daß der Strokkur sein zischendes Geräusch hören läßt und eine heiße Wasserfontäne in den Himmel schickt. Am Spätnachmittag soll dann der Gullfoss das letzte Ziel des Tages sein. Vielleicht wird die Abendsonne wieder einen Regenbogen in die glänzende Gischt des Wassers zaubern. Wir werden uns einen Platz für das Zelt suchen und lange die helle Nacht genießen. Am Morgen fahren wir auf der Kjölurroute nach Norden, immer wieder durch Flüsse, deren Tiefe nur schwer abzuschätzen ist, vorüber am großen Hvitaravatn, links die weiße Linie des Langjökull, rechts der Hofjökull. Wenn wir das Hochland verlassen und hinabfahren in die breite Skagafjördur, einen fruchtbaren Talboden, dann führt uns ein Abstecher nach Glaumbaer, einem originalgetreu erhaltenen Dorf aus Torfhäusern mit einer kleinen Holzkirche, heute ein Freilichtmuseum. Wir werden durch die niedrigen Türen gehen und erfahren, »wie schwierig es war, ein Isländer zu sein« (Haldór Laxness).

Am Nachmittag gibt es einen Bummel durch Akureyri; und spätabends werden wir zum Mývatn weiterfahren und vielleicht gegen Mitternacht in Reykjahlid eintreffen. Bevor wir das Zelt aufstellen, gehen wir die paar Meter hinüber zur Hlidarkamkurschlucht, streifen die Kleider ab und steigen hinab in die Dämmerung, ins wunderbar warme Wasser. Über hundert Kilometer auf schwieriger Piste sind anderntags zu fahren, um Herdubreidarlindir zu erreichen. Auf den Götterberg steigen oder empor zur Askja, an den Öskjuvatn und vor allem in den Vitikrater, den warmen See. Unser Zelt wird in der Ódádahraun stehen, und wir werden an die Unglücklichen denken, die hier einmal ihr Leben fristen mußten, verjagt und verfemt. Der Jökullsá á Fjöllum entlang fahren wir dem Meer entgegen, blicken staunend auf die fallenden Gewalten des Dettifoss und spazieren in die Aspyrgi. Eine lange Fahrt um die Halbinsel Tjörnes, mit vielen Kontakten zum Meer, bringt uns zurück zum Mývatn. Es folgt die Reise durch die Sprengisandur. Im allradgetriebenen Fahrzeug ein Erlebnis: Wüste, Seen, Berge, Schnee, Wolken und Himmel. Am Abend steht unser Zelt in Landmannalaugar. In den heißen Quellen, die aus der uralten Lava strömen, genießen wir die Wärme der Erde. Irgendwann am nächsten Vormittag steigen wir gemütlich hinauf zum Bláhnúkur und schauen in eine fremde faszinierende Welt. So muß es vor Jahrmillionen auf allen Kontinenten ausgesehen haben: Nur Steine, Sand, Wasser, Eis und Schnee.

Auf der kühn geführten Hochlandroute »Hinter den Bergen« werden wir am nächsten Tag eine Landschaft durchfahren, in der nichts an den Menschen und seine Werke erinnert. Ein kurzer Abstecher in die Eldgja-Spalte, ein Blick von oben in den gigantischen Aufbruch der Erde. Der Küstenstraße folgend erreichen wir Skaftafell. Vom Kristinartindar dann die unerhörte Rundsicht auf Gletscher, Wüsten, Sander und Meer. Eine halbe Autostunde weiter östlich wird die Straße vom Vatnajökull und seinen Eisbergen ans Meer gedrängt. Jökullsarlon heißt der Süßwassersee, in den der Gletscher kalbt. Die Rückfahrt nach Thorlakshöfn wird einige Zeit dauern, dort steigen wir um aufs Schiff und fahren hinüber nach Heimaey. Ein Tag zum Wandern und Bergsteigen folgt, immer im Kontakt mit dem Meer, immer ein Gang auf Vulkanen, von denen einer, der Eldfell, noch raucht.

Islands meistbesuchter Wasserfall, der Skogafoss. Er schüttet seine Wasser direkt an der Ringstraße über eine 30 Meter hohe Felswand.

Die Südküste von Heimaey. An die schwarzen Felsen branden die Brecher des Meeres.

Abendsonne am Gulfoss. Als breiter Fluß kommt die Hvita aus dem Hochland und fällt in Kaskaden 32 Meter in eine enge Schlucht.

Vorhergehende Doppelseite:
Abendsonne an der Südküste, oberhalb von Skaftafell. Das schräg einfallende Licht bringt Wolkenfetzen zum Leuchten.

Mitternachtssonne am Dalsfjall, der höchsten Spitze der Insel Heimaey. Am Horizont Islands Südküste.

Schwarze und weiße Eisberge im Jökullsarlón. Im Hintergrund ein vergletscherter Berg, der Mafabyggdir, 1449 m.

ISBN: 3-475-52796-0

Dieses Buch erscheint im Rosenheimer Verlagshaus GmbH & Co. KG, Rosenheim
Gestaltung des Schutzumschlages
unter Verwendung eines Motives des Autors
Satz: Buch-Werkstatt GmbH, Bad Aibling
Lithographie: Repro Ludwig, Österreich
Gesamtherstellung: Interdruck, Leipzig
Bildnachweis: Mit Ausnahme der Bilder auf den Seiten 15, 31, 41, 50, 56, 58, 59, 73 und 92/93 stammen alle Bilder vom Autor.
Die angeführten Fotografien hat mein Sohn, Hans Sebastian, beigesteuert, der mich zweimal auf einer Islandreise begleitete. Er schrieb auch die Texte »Reykjavik« und »Der Norden Islands«.
Als Aufnahmematerial wurde ausschließlich Kodak Ektachrome 19 DIN/64 ASA verwendet.
Fotografiert wurde mit Hasselbladkameras 500 C und 503 CX. An Objektiven wurden die Brennweiten 40, 80, 150, 250, 350 und 500 mm (Zeiss) eingesetzt.